VERS

DE

GUIGNOL

DANS

LE BARBIER DE SÉVILLE

Parodie par P. A. et J. B.

JOUÉE AU THÉATRE GUIGNOL

de la Galerie de l'Argue.

PRIX : **25** CENTIMES.

PROLOGUE

SCÈNE VII

Oui, c'est raclé, z'enfants, je m'en vais en Espagne,
On m'a dit que c'était un pays de cocagne
Et qu'on y ramassait de l'argent et de l'or ;
Je serai mieux frusqué qu'un riche matador,
Y gnaura plus pour moi ni dèche ni débine,
Et je vivrai content sans m'éreinter l'échine.
Ah ! c'est ben triste aussi de quitter son pays,
Ses amis, sa colombe et son pauvre taudis,
Les lieux où l'on a vu s'écouler son enfance
Auprès de sa meman... Oh ! oui, j'ai pas de chance !
Mais, vrai que grolasser quand on n'a pas un rond ;
Je ne peux pourtant pas me faire vagabond,
Ni courir dans la rue en demandant l'aumône,
J'aimerais mieux, ben sûr, me neyer dans le Rhône.
Je pars donc ; il le faut, pour trouver loin d'ici
Du travail et du pain ; c'est là mon grand souci ;
Ça me perce le cœur, il est tout en compote,
Mais mon ventre réclame, il faut que je boulotte...
Adieu, ce que j'aimais, adieu mon vieux Lyon !
Adieu tous les amis, adieu mon Gourguillon !
Je ne te verrai plus, ô joyeuse Croix-Rousse,
Où l'on rigole tant, où la vie est si douce,
J'entendrai plus, hélas ! le tic-tac du méquier
Et je ne pourrai plus aller à l'atelier.
Je sens que mes quinquets se remplissent de larmes
Et j'envie à présent la position des Carmes...
Ne pas pouvoir aller au bal Valentino,
Au parc, aux Célestins et pis au Casino,
Ni danser le chahut à la vieille Rotonde
Où l'on trouve toujours la brune et la blonde,
Ne plus pouvoir manger de marrons *rizolés*,
Ne plus se balader sous les cieux étoilés
Au bras d'une colombe adorable et gentille,
Puis au café du coin, le soir, jouer la quille ;
Ne plus sentir jamais l'odeur de Vénissieux,
Et torcher à Noël la dinde de Crémieux ;
Voilà ce qui chagrine et dégoûte de vivre...
Je donnerais deux sous afin qu'on me délivre
De ma triste existence... ah ! j'ai beau m'abrutir,
Je crois ben que jamais je ne pourrai partir.

(Il s'arrête un instant, et reprend avec énergie)

Eh ben ! soit, je décampe et j'aurai du courage,
Je cours me préparer et faire mon bagage...

(avec un soupir.)

Et maintenant, c'est fait, je me fie au bon Dieu,
Bientôt je serai loin... adieu ! adieu ! adieu !

ACTE PREMIER.

SCÈNE II.

GUIGNOL (seul).

Quand je vois que chacun se plaint de son métier,
Je suis vraiment content de me trouver barbier ;
Je rigole sans cesse et dans toute la ville,
Chaque gone connaît le merlan de Séville
Qui tond les animaux, donne de lavements,
Fabrique des chignons, fait les accouchements ;
En deux coups de rasoir, je vous taille une barbe,
Je pose des sangsues et vends de la rhubarbe.
On trouve aussi chez moi la tisane Bochet,
De l'onguent sans pareil et du café Roussel ;
De plus, j'ai le brevet d'un truc sans ficelles
Que retient z'au logis les femmes infidèles.
Je sais chenuement glisser un billet doux,
Donner à la colombe un galant rendez-vous,
Soupirer pour un autre auprès d'une grisette,
L'embrasser tendrement et lui conter fleurette ;
Je sais débobiner un amoureux quatrain,
Composer quelques vers et chanter un refrain ;
Aussi, de tous côtés, près de moi l'on se presse,
Ici c'est une barbe et là c'est une tresse,
L'un demande un clyster et l'autre un madrigal,
Il me faut tondre un homme et raser un cheval ;
Enfin, je ne sais plus où placer la pratique
Et ne peux faire un pas dans toute ma boutique.
A moi, mon cher Guignol — Oui, z'enfants, me voilà ;
Que vous faut-il ? — Guignol par ci, Guignol par là ;
Y a vraiment de quoi détraquer ma boussole,
Mais jamais je m'épate et toujours je rigole,
Ce qui fait que chacun est enchanté de moi.
Je suis dans mon logis, bien plus heureux qu'un roi.

(Il chante)

Vive le vin, l'amour, la joie et la folie,
Au diable les chagrins et la mélancolie.

GUIGNOL *au comte*

Comme j'avais appris à Lyon ma grand'mère,
J'ai voulu z'essayer mon talent littéraire
Et dans un grand thiatre épater le plublic,
Mais au lieu d'applaudir, ah! ya, ya, qué mastic!
Tout le monde gueulait, au milieu du tapage,
On réclamait l'auteur pour le fourrer en cage.
J'avais ben raccolé tout le long des trottoirs
Cinq ou six cents romains ayant de bons battoirs,
Mais les gones, payés plus chers par la cabale
Se sont associés au potin de la salle ;
Je rageais de me voir traité comme un melon
Et j'aurais avalé pour deux sous de bocon.
Tout à coup, j'ai senti s'ébaucher ma colère
En pensant au boucan qu'on faisait à Senterre,
Et prenant mon parti d'un four aussi complet,
J'ai pour me consoler, baisé mon chapelet.

GUIGNOL *au comte.*

C'est que j'ai vu, seigneur, des sots ambitieux
Détrôner le génie et grimper jusqu'aux cieux ;
C'est que j'ai vu souvent d'ignorants journalistes
Critiquer sans raison de malheureux artistes
Qui, par eux débinés, manquant même de pain,
S'en allaient en pleurant, plus loin crever de faim ;
C'est que j'ai vu surtout, pleins de fiel et d'envie,
A la lèvre l'injure, au cœur la jalousie,
D'indignes écrivains, gens de mauvaise foi,
Mépriser la justice en insultant la loi
Répandre de partout leurs feuilles hypocrites.
Et, vils imposteurs, révoltants parasites,
Calomniant le soir, médisant le matin,
Changer de convictions du jour au lendemain.
Enfin, toujours armés les uns contre les autres,
Sans respect d'autrui, ces insolents apôtres
Bannissant de leur cœur tout instinct généreux,
Dans leurs sales écrits, se dévorment entre eux.
On casserait sa trique à chapoter ces buses,
A battre ces coquins qui font rougir les Muses
Et qui n'ont jamais eu que l'argent pour drapeau
. . . .
Devant tous ces crétins s'acharnant à ma peau,
J'ai quitté ce pays où régnait la bêtise,
Oubliant en partant de changer de chemise.
Préférant à ma plume un modeste rasoir,
Je pliais mes effets dans un vaste mouchoir

Et très-léger d'argent, j'ai parcouru l'Espagne
Ayant à mes côtés la gaîté pour compagne.
Ici pris pour un sage et plus loin pour un fou,
Bien reçu quelquefois, plus souvent mis au clou,
Choyé, fêté, loué dans la première ville,
Blâmé dans la seconde et traité d'imbécile,
Riant de ma misère et suivant mes penchants,
Je méprisais les sots, provoquais les méchants
Et prenant tour à tour le rasoir et la fronde,
Je faisais, en passant, la barbe à tout le monde.

SCÈNE IV

GUIGNOL *au comte.*

Est-il bête, Gnafron, d'enfermer sa colombe,
Car semblable au vieux vin que l'on a trop bouché,
L'innocence s'échappe et part comme une bombe ;
C'est le plus sûr moyen de se trouver mouché.

SCÈNE VI

GUIGNOL *au comte.*

Plutôt que d'y manquer, ce cher petit bozon
Qui pleure bien souvent dans sa noire prison,
Quitterait ses grolons, son corset, sa coiffure
Pour passer à travers le trou de la serrure.

GUIGNOL *au comte.*

L'or est tout aujourd'hui, sans or point de succès,
C'est lui qui de partout nous fait avoir accès ;
L'homme qui n'en a pas est malheureux sur terre,
Il faut être un Crésus pour qu'on vous considère.
Le monde est ainsi fait, quand on n'a plus le sou,
Rien ne sert d'être honnête, on n'est qu'un vieux grigou.
L'or, voyez-vous, seigneur, est le nerf de l'intrigue,
Quand on veut réussir, il faut être prodigue.

SCÈNE VII

GUIGNOL *(seul)*

De tous les animaux habitant la planète,
La cocotte est vraiment la plus mauvaise bête ;
J'en ai trouvé partout et quand on la connait,
La meilleure, à coup sûr, ne vaut pas un navet.
Ce serpent vénimeux qui vous est infidèle,
Une fois déballé n'est plus qu'une haridelle ;
Voyez-la, le matin, couverte d'un peignoir,
Ça vous produit l'effet d'un vilain araignoir ;

On dirait un lézard ou bien une larmise
Qui s'étend au soleil pour sécher sa chemise.
Ça paraît un agneau, c'est méchant comme un loup,
Orgueilleux comme un paon, faux comme un cantaloup.
Il faut la voir surtout, quand elle est en colère,
C'est bien pis qu'un lion doublé d'une vipère ;
Elle crie, elle pleure, elle prend des vapeurs,
Et son visage affreux ferait fuir des sapeurs.....
Elle parle d'amour et quelquefois se pâme,
Mais ne l'écoutez pas, car elle n'a point d'âme ;
Elle vend ses baisers, son cœur, argent comptant,
Et ruine sans pitié le pauvre débutant,
Qui croit à ses serments, à toutes ses promesses,
Et paie avec de l'or ses plus froides caresses.
Vous la reconnaissez à son vaste chignon,
A sa robe à grande queue, à son petit lorgnon,
A l'odeur que son corps répand sur son passage,
A tous ses oripeaux puis à son maquillage.
Jeune, elle étale alors son charme à Bellecour,
Et plus tard on la voit dans le noir carrefour,
Cachant sous son mouchoir une binette antique,
Afin de mieux tromper la naïve pratique ;
Puis, lorsque la vieillesse a *sifflé* ses appas,
On la trouve mourante au fond d'un galetas.

ACTE DEUXIÈME

SCÈNE II

GUIGNOL *(à part)*

Je suis un messager, un beau pigeon d'amour,
Venant pour enflammer le cœur d'une camate,
Lui parler du soleil, de la lune et du jour,
Et lui faire un aveu d'une façon galante.

GUIGNOL *à Rosine*

C'est un petit fenon qui vous a des quinquets
A faire rêvasser les plus beaux freluquets ;
Son joli pied mignon et sa petite taille
Ont sur plus de vingt cœurs remporté la bataille :
Jamais elle n'a mis du coton dans ses bas
Et son corset contient de superbes appas.

GUIGNOL *à Rosine.*

Depuis qu'il vous a vue, adorable pipille,
Le malheureux Lindor ne peut rester tranquille.

Quand on est amoureux, on devient comme un fou.
Le cœur est vite en feu ; c'est pis que l'amadou.

GUIGNOL *(à part)*.

Voyez-vous la petite avec son air calin
Me glisser doucement la lettre déjà prête,
Et moi qui me croyais un célèbre malin !
Ah ! Gnignol, après ça, tu n'est plus qu'une bête.

ACTE TROISIÈME

SCÈNE IX

GNAFRON *(seul)*.

Je ne sens plus mon cœur dans ma pauvre basane,
Il est plus aplati qu'une maigre bardane.
Je donnerais ma peau pour en faire un soufflet....
Enfin, de tous mes pleurs, j'ouvre le robinet.

SCÈNE X

GNAFRON à *Rosine*.

Si je te possédais, ô chenuse colombe,
Mon cœur éclaterait comme une grosse bombe,
Te serais mon chouchou, mon tout petit trognon,
Je te ferais cadeau d'un peigne et d'un chignon,
De deux jolis pendants et d'une crinoline....
Si te voulais m'aimer, ô canante Rosine,
Je passerais mon temps à embellir tes jours
Et le bon Guieu, ben sûr, bénirait nos amours,
Et puis, nous partirions, nous quitterions Séville
Pour aller à Lyon nous la couler tranquille ;
Nos jours au Gourguillon se passeraient heureux,
En répétant en chœur des refrains amoureux.
Quand je pense à Lyon, mon pauvre cœur déraille,
Nous irions à la Mouche en traversant la traille,
Le dimanche en bonnet, en robe de satin
Te viendrais avè moi, cueillir le jasmin,
Nous monterions aussi chez le bon pipa Mille
Où l'on rit, en chantant, sans se faire de bile,
Nous y boulotterions du lapin, du jambon,
Que nous arroserions de son vin le *plus bon* ;
Je te mènerais voir la vogue à la Croix-Rousse,
J'offrirais les marrons et le vin blanc qui mousse,
Et quand te voudrais faire un petit rigodon,
Nous irions tous les deux jusqu'à Rochecardon.

Chez Georges, dans l'été, te licherais la bière,
Et puis, pour ta santé, t'irais à Charbonnière.
Allons, épouse-moi, je suis pas décati,
Je serais ton gros chien, appelle-moi Titi.
Sans être plein d'esprit, je suis pas une couanne,
J'étais le plus malin de Vaise à Villeurbanne.
Mais regarde-moi donc, on dirait un rentier,
Qui croirait à me voir, que j'étais savetier ?
Mon teint épanoui n'est pas du replâtrage,
Et jamais je n'ai mis le moindre maquillage.
Ne ferme pas l'oreille à de si doux accents
Et nous aurons plus tard deux douzaines d'enfants.

SCÈNE XI

GUIGNOL *au comte*

Je crois que cette fois, vous serez pas rousti ;
C'est bien pour vous, seigneur, et non pour la fortune
Que Rosine vous aime, et je paie une prune
Si le vilain gnafron n'en est pas abruti.

GUIGNOL *(à part*

Tout va bien maintenant, son petit cœur est pris,
Et le comte sera le meilleur des maris ;
Vous avez entendu comme elle a dit : « Je t'aime…. »
Oh oui ! que c'est chenu, que c'est canant quand même
De voir deux tourtereaux se becqueter ainsi,
J'en suis décomposé, je voudrais ben aussi
Posséder près de moi quelque belle maîtresse,
Qui me consolerait quand viendrait la vieillesse,
Car la vie est trop longue et triste, non de non
Si l'on n'a pas au moins un tout petit fenon.

—•~•~•—

Dépôt au théâtre Guignol du passage de l'Argue.

Impr. Blein, rue Montesquieu, 40, Lyon.